El Sol
y las estaciones

por Peggy Bresnick Kendler

PEARSON
Scott Foresman

DK

Lo que ya sabes

Los movimientos de la Tierra y la luz del Sol causan el día, la noche y las estaciones. El Sol es una estrella.

La Tierra gira alrededor de una línea imaginaria llamada eje. La Tierra completa una rotación cada 24 horas. Aunque el Sol parece cruzar el cielo durante el día, en realidad es la Tierra la que se mueve.

A la vez que gira, la Tierra se mueve alrededor del Sol. Cada vuelta que hace alrededor del Sol es

una revolución. Una revolución completa dura unos 365 días, o sea un año. La inclinación de la Tierra y su movimiento alrededor del Sol causan las estaciones.

La Tierra gira alrededor del Sol.

Mientras la Tierra gira alrededor del Sol, la Luna gira alrededor de la Tierra. La forma de la Luna parece distinta cada noche. Cada forma es una fase de la Luna. Cuando la Luna queda detrás de la Tierra, se produce un eclipse lunar. La Tierra

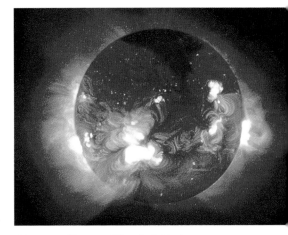

Una radiografía del Sol

no deja que la luz del Sol llegue a la Luna.

De noche hay estrellas en el cielo. Con un telescopio se pueden ver con más claridad. Las constelaciones son patrones o figuras que forman las estrellas.

El Sol y la Tierra se relacionan de varias maneras interesantes. Causan el día y la noche, las estaciones y las sombras. Sigue leyendo para averiguar más sobre el Sol y cómo afecta a la Tierra.

La Tierra
en el espacio

La Tierra y el Sol causan las estaciones, y nos dan el día y la noche. Sin el Sol, la Tierra sería un lugar oscuro y frío. Tenemos estaciones gracias al recorrido de la Tierra alrededor del Sol. Tenemos el día y la noche porque la Tierra gira sobre su eje al rotar alrededor del Sol.

Aunque no sentimos los movimientos de la Tierra, nuestro planeta siempre está rotando y girando alrededor del Sol. El recorrido de la Tierra alrededor del Sol es su órbita. La Tierra forma parte del sistema solar. Nueve planetas forman el sistema solar. La Tierra se diferencia de los demás planetas de muchas maneras. Sin embargo, todos los planetas del sistema solar giran alrededor del Sol.

La Tierra es uno de los nueve planetas de nuestro sistema solar que giran alrededor del Sol.

La Tierra es el tercer planeta más cercano al Sol y el quinto planeta más grande. Mercurio es el segundo planeta más pequeño y el más cercano al Sol. Venus es, en promedio, el planeta más caliente, y está entre la Tierra y Mercurio. Los otros seis planetas están más lejos del Sol y son mucho más fríos.

El sistema solar

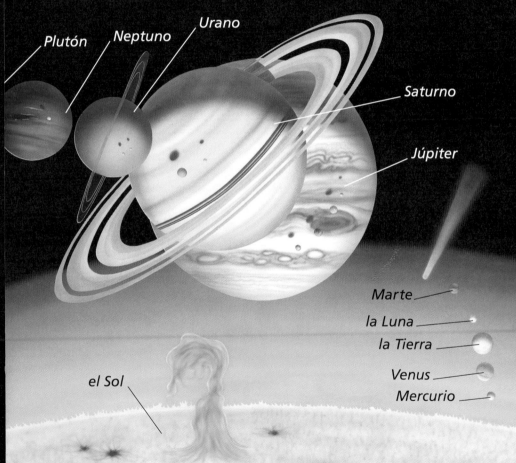

Plutón

Neptuno

Urano

Saturno

Júpiter

Marte

la Luna

la Tierra

Venus

Mercurio

el Sol

Órbita terrestre

Los planetas del sistema solar siguen una órbita o camino alrededor del Sol. Gracias a la gravedad, la Tierra mantiene su órbita alrededor del Sol. Este camino, de forma un poco ovalada, se llama elipse. Esta elipse coloca a la Tierra más cerca del Sol en enero que en julio.

El astrónomo Johannes Kepler fue el primero en describir la órbita elíptica de la Tierra. La órbita cambia de forma con el paso del tiempo. Cada cambio afecta el clima de nuestro planeta, y hace que la luz que recibimos del Sol sea más fuerte o más débil.

La órbita de la Tierra alrededor del Sol tiene una forma ovalada llamada elipse.

el Sol

la Tierra

La órbita de los planetas más cercanos al Sol es más pequeña. Tardan menos tiempo en completar una revolución alrededor del Sol. Por eso, el tiempo que se demoran estos planetas en completar una órbita es menos de un año terrestre.

Mercurio es el planeta más cercano al Sol. Allí, un año sólo dura 87 días. Plutón es el planeta más alejado del Sol. Cada año tiene 90,466 días. El planeta más cercano a la Tierra es Venus. Allí, un año dura alrededor de 225 días. Eso equivale a unas tres quintas partes de un año terrestre.

Calendario solar

La Rueda Medicinal es una formación circular de rocas en Wyoming. Se cree que hace mucho tiempo, los indígenas norteamericanos la usaban como calendario.

Solsticios y equinoccios

Los solsticios son los días del año cuando hay mayor y menor cantidad de luz del Sol. Los equinoccios son los días del año en que hay la misma cantidad de luz y de oscuridad.

Cada año hay dos solsticios. El solsticio de verano ocurre alrededor del 21 de junio en el hemisferio norte. Ese día, el hemisferio norte recibe la mayor cantidad de luz del Sol. El solsticio de invierno ocurre alrededor del 21 de diciembre en el hemisferio norte. Ese día, el hemisferio norte recibe la menor cantidad de luz del Sol.

Stonehenge, en Inglaterra, es un antiguo monumento de rocas. Se cree que hace mucho tiempo se usaba como reloj, como calendario o para ceremonias.

Los solsticios y los equinoccios tienen lugar dos veces al año. Durante un equinoccio, los rayos de la luz del Sol caen directamente sobre el ecuador. Esto significa que el hemisferio norte y el hemisferio sur tienen la misma cantidad de luz y de oscuridad. Ambos hemisferios tienen doce horas de luz y doce horas de oscuridad.

Sol de medianoche

Bodo es un lugar en el norte de Noruega. Durante el verano, el Sol no desaparece por un mes entero.

Cuando la Luna queda entre la Tierra y el Sol, se produce un eclipse solar.

Eclipses

Cuando la Luna queda directamente entre la Tierra y el Sol, se produce un eclipse solar. La sombra de la Luna no deja que la luz del Sol llegue a la Tierra. Luego de unos minutos, la Tierra sale de la sombra de la Luna. Entonces vuelve a salir el Sol.

Cuando la Luna queda detrás de la Tierra, se produce un eclipse lunar. La Tierra impide que la luz del Sol llegue a la Luna. La sombra de la Tierra tapa la Luna. Luego de unos minutos, la Luna sale de la sombra de la Tierra. Entonces podemos volver a ver la Luna.

Nunca debes mirar directamente hacia el Sol. Sus rayos son tan fuertes que te pueden dañar los ojos.

Es aún más peligroso mirar hacia el Sol durante un eclipse solar. Tal vez pienses que no hay peligro porque la Luna tapa los rayos del Sol. Pero los rayos que quedan al descubierto siguen siendo demasiado brillantes. Para ver un eclipse solar hay que ponerse gafas especiales.

Para ver un eclipse solar hay que ponerse gafas especiales.

Día y noche

Una mitad de la Tierra mira siempre hacia el Sol. Por eso es siempre de día en esa mitad de la Tierra. A la vez, la otra mitad de la Tierra mira siempre en dirección contraria al Sol. Por lo tanto, está en la oscuridad.

La Tierra completa una rotación sobre su eje cada 24 horas. La Tierra tiene entonces un día con su noche que dura 24 horas.

Una parte de la Tierra mira siempre hacia el Sol, mientras que el resto del planeta está en la oscuridad.

La Tierra gira muy rápidamente sobre su eje. Cada parte de la Tierra rota a distinta velocidad. En el ecuador, la velocidad de rotación es de ¡470 metros por segundo!

Cuando es de día en Sydney, Australia, es de noche en los Estados Unidos.

A medida que cae la noche en Nueva York, el Sol aparece en el otro lado de la Tierra.

Sin embargo, la Tierra gira muy lentamente en los polos. Una persona parada en cualquiera de los dos polos "se queda fija". En el ecuador pasa lo contrario. El día con su noche tiene 24 horas. Multiplica eso por la velocidad de la rotación de la Tierra en el ecuador, que es de 1,050 millas por hora. Entonces, una persona que vive en el ecuador "recorre" ¡25,000 millas al día! Pero la gente que vive en el ecuador no siente la rotación de la Tierra. Nadie la siente en ninguna parte de la Tierra.

Rotación de la Tierra

A medida que la Tierra gira alrededor del Sol, su eje apunta en la misma dirección: hacia la Estrella Polar. Se le llama "polar" porque aparece en el cielo encima del Polo Norte cuando es de noche. Desde la Tierra, la Estrella Polar siempre se ve en un punto fijo del cielo. Por eso, desde hace miles de años ha servido de orientación a los viajeros en el hemisferio norte.

La Estrella Polar no se puede ver de noche en el hemisferio sur porque la Tierra la tapa. A diferencia del hemisferio norte, el hemisferio sur no tiene una estrella que esté en un punto fijo en el cielo.

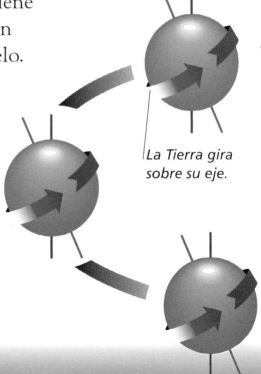

La Tierra gira sobre su eje.

La Tierra se mueve continuamente de dos maneras distintas. La Tierra gira sobre su eje y también rota alrededor del Sol. Si la Tierra dejara de girar sobre su eje, habría 6 meses de luz seguidos de 6 meses de oscuridad. Si la Tierra dejara de girar alrededor del Sol, no existirían las estaciones.

En movimiento

La Tierra está siempre moviéndose. No sentimos su movimiento, porque todo lo demás se mueve al mismo tiempo.

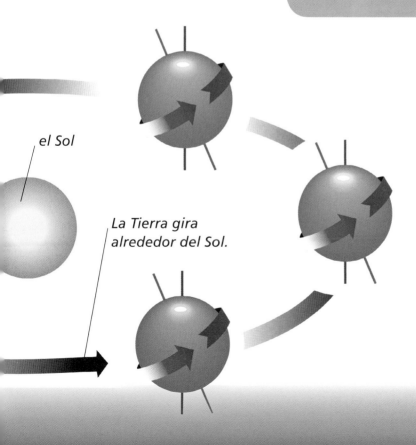

el Sol

La Tierra gira alrededor del Sol.

Sombras

La Tierra gira sobre su eje en dirección opuesta a las manecillas del reloj. Por eso, el Sol siempre sale en el este y se oculta en el oeste.

Al mediodía, el Sol está en su punto más alto en el cielo. Entonces las sombras no llegan lejos, porque son muy cortas.

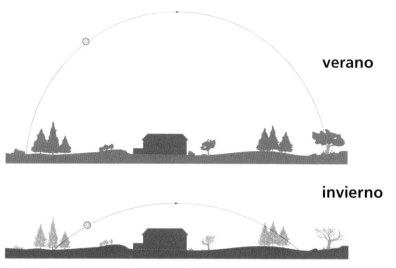

verano

invierno

**El Sol está más alto en el cielo
en verano que en invierno.**

Las sombras que forma el Sol son más largas al amanecer y al atardecer. Por la mañana, las sombras apuntan hacia el oeste. Eso es porque el Sol aparece en el este. Por la tarde, las sombras apuntan hacia el este. Esto sucede porque el Sol se oculta por el oeste.

La longitud de las sombras cambia dependiendo de la época del año y del punto en que esté el Sol en el cielo. Las sombras más largas se forman durante los días de mediados de invierno. En ese momento el Sol está más bajo en el cielo. En verano, las sombras más cortas se forman al mediodía. En ese momento el Sol está directamente sobre nosotros.

**Un reloj solar indica la hora según
las sombras que forma la luz del Sol.**

El Sol y la Tierra

El Sol está en el centro de nuestro sistema solar. La relación entre el Sol y la Tierra causa el día y la noche en nuestro planeta. Así también tenemos las distintas estaciones. La Tierra siempre se está moviendo. Siempre está rotando sobre su eje y dando vueltas alrededor del Sol.

El Sol es sólo una de las muchas estrellas que hay en el universo. ¡Pero dependemos de esta estrella! La energía que sale de sus gases permite que las plantas crezcan. Además, da calor a las personas y a los demás seres vivos de la Tierra.

La próxima vez que salgas al aire libre en un día soleado, piensa en el Sol de una forma diferente. Piensa en lo importante que es en nuestra vida diaria. ¿Qué sería de la vida sin el Sol?

La rotación de la Tierra causa que el Sol desaparezca del cielo al atardecer.

Glosario

ecuador   línea imaginaria que rodea la Tierra entre el Polo Norte y el Polo Sur

elipse   forma ovalada, parecida a la de un círculo alargado

equinoccio   primer día de la primavera y del otoño cuando ambos hemisferios tienen la misma cantidad de luz del día y de oscuridad

fuerza gravitacional   efecto de la gravedad en otro objeto

hemisferio   mitad de una esfera o mitad de la Tierra

órbita   camino que sigue un objecto en el espacio exterior

solsticio   primer día del invierno y del verano; corresponden al día más corto y al día más largo del año en el hemisferio norte